令人着迷的中国旅行记

被平移的音乐厅
BEI PINGYI DE YINYUETING
上海

乔 冰/著　智慧鸟/绘

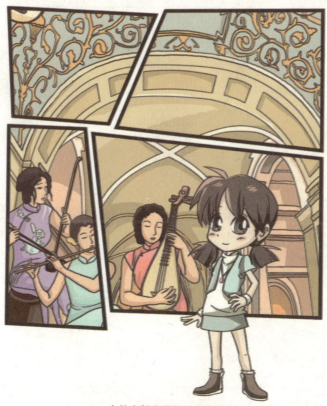

吉林出版集团股份有限公司
全国百佳图书出版单位

图书在版编目（CIP）数据

被平移的音乐厅——上海 / 乔冰著 ; 智慧鸟绘. --
长春 : 吉林出版集团股份有限公司, 2023.2（2024.3重印）
（令人着迷的中国旅行记）
ISBN 978-7-5731-2029-8

Ⅰ.①被… Ⅱ.①乔… ②智… Ⅲ.①上海 – 地方史
– 少儿读物 Ⅳ.① K295.1–49

中国国家版本馆CIP数据核字(2023) 第016523号

令人着迷的中国旅行记

BEI PINGYI DE YINYUE TING SHANGHAI

被平移的音乐厅——上海

著　　者：乔　冰
绘　　者：智慧鸟
出版策划：崔文辉
项目策划：范　迪
责任编辑：李金默
责任校对：徐巧智　　王　妍
出　　版：吉林出版集团股份有限公司（www.jlpg.cn）
　　　　　（长春市福祉大路5788号，邮政编码：130118）
发　　行：吉林出版集团译文图书经营有限公司
　　　　　（http://shop34896900.taobao.com）
电　　话：总编办 0431-81629909　　营销部 0431-81629880 / 81629881
印　　刷：唐山玺鸣印务有限公司
开　　本：720mm × 1000mm　1/16
印　　张：8
字　　数：100千字
版　　次：2023年2月第1版
印　　次：2024年3月第2次印刷
书　　号：ISBN 978-7-5731-2029-8
定　　价：29.80元
印装错误请与承印厂联系　　电话：13691178300

中国传统文化丰富多彩，民俗民风异彩纷呈，它不仅是历史上各种

思想文化、观念形态相互碰撞、融会贯通并经过岁月的洗礼遗留下来的

文化瑰宝，而且是中华民族几千年文明的结晶。而作为世界非物质文化

遗产重要组成部分的中国非物质文化遗产，在历史、文学、艺术、科学

等领域具有非同寻常的价值，正越来越受到世界各国政府、学术界及相

关民间组织的高度重视。

本系列丛书为弘扬中国辉煌灿烂的传统文化，传承华夏民族的优良传统，从国学经典、书法绘画、民间工艺、民间乐舞、中国戏曲、建筑雕刻、礼节礼仪、民间习俗等多方面入手，全貌展示其神韵与魅力。丛书在参考了大量权威性著作的基础上，择其精要，取其所长，以少儿易于接受的内容独特活泼、情节曲折跌宕、漫画幽默诙谐的编剧形式，主人公通过非同寻常的中国寻宝之旅的故事，轻松带领孩子们打开中国传统文化的大门，领略中华文化丰富而深刻的精神内涵。

人物介绍

茜茜

11岁的中国女孩儿，聪明可爱，勤奋好学，家长眼中的乖乖女，在班里担任班长和学习委员。

布卡

11岁的中国男孩儿，茜茜的同学，性格叛逆，渴望独立自主，总是有无数新奇的想法。

瑞瑞

11岁的中国男孩儿，布卡的同学兼好友，酷爱美食，具备一定的反抗精神，对朋友比较讲义气。

欧蕊

11岁的欧洲女孩儿，乐观坚强，聪明热情，遇事冷静沉着，善于观察，酷爱旅游和音乐，弹得一手好钢琴。

塞西

9岁的欧洲男孩儿，活泼的淘气包，脑子里总是有层出不穷的点子，酷爱网络和游戏，做梦都想变成神探。

机器猫费尔曼

聪慧机智，知识渊博，威严自负，话痨，超级爱臭美；喜欢多管闲事，常常做出让人哭笑不得的闹剧。

华纳博士

43岁的欧洲天才科学家，热爱美食，幽默诙谐，精通电脑，性格古怪。

目 录

目录

第一章

chapter 1

顾绣

上海虹桥国际机场

大晚上的从重庆飞上海，困死我了！

飞机落地时差点儿把我的屁股摔成八瓣。

我已经订好一家民宿，先去那里好好睡一觉。

叮叮叮

天这么快就亮了？

快起床，我带你们去聚奇城！

啊，好多蓝眼睛高鼻梁的外国人在这儿淘宝呢！

博士，你也是外国人。

这么早，这里就这么多人了。

在聚奇城，商户和顾客一般在夜间进行交易，所以人们喜欢把聚奇城称作"鬼市"。

你冻得直哆嗦，真可怜。

我那是因为激动！只要淘到一件宝贝，我就不虚此行了！

人太多了，我差点儿被挤成馅儿饼！

你们几个要是看中什么，千万要装成不在意的样子，这样才好讲价！

这聚奇城里摆摊的人比外面马路上的人还多！瓷器、玉器、漆器……应有尽有！

这到底是画还是刺绣啊？太好看了！老板，怎么卖？

笨！就差在脑门儿上贴个大写的"喜欢"了，等着挨宰吧！

12万。

12万？太贵了！

卖家都喜欢把自己的东西吹上天。

嫌贵？这可是被称为"画绣"的顾绣，其工艺巧夺天工。

我这摊位可是货真价实，童叟无欺！就说这鸟儿身上的一根羽毛吧，绣的时候要先把一根线劈成36根丝。

多少根？

36根。

把一根线分成36根丝？那得多细啊？

比头发丝还细！一下午的时间，只能绣好一只鸟儿身上的一根羽毛。

1、2、3……一根羽毛绣一下午，那这么多根羽毛得绣多久？

所以，我这12万要得一点儿也不贵！名著《红楼梦》看过吗？

这还用问？我倒背如流！

倒背如流？那你怎么会不知道《红楼梦》中的贾元春夸顾绣是"女中神针"？

什么"女中神针"，我看你就是骗子！

请注意素质，你是来买东西的，不是来吵架的。

顾绣的绣法出自皇宫，果然是不同凡响。

爷爷，这幅刺绣怎么看着那么像画啊？

以绣代画，正是顾绣最独特的地方。

瞧瞧，人家这才叫行家！

我知道苏、粤、湘、蜀是中国的四大名绣，却没听说过这顾绣。

画画是画画，刺绣是刺绣，怎么还出来个"以绣代画"？

没文化真可怕！

顾绣从一开始就有别于四大名绣，它专绣书画作品，是一种独特的艺术。

爷爷，我听说顾绣绣娘要保持手的温度，这样走出的线才够秀丽，是不是真的呀？

的确如此……这幅顾绣我要了！

我先看好的，谁也不许跟我抢！

灵石路"鬼市"

　　上海有两个出名的"鬼市"，一个是位于静安区灵石路的聚奇城，另一个则是与北京"潘家园旧货市场"齐名、位于城隍庙老街的藏宝楼，后来关闭了。

　　每个周末的凌晨，"鬼市"开市，许多从全国各地来"鬼市"卖古玩的古董商前一天晚上就到此等候。而前来逛"鬼市"的淘宝人，更是把这里当作寻宝的天堂。

顾绣

顾绣起源于明代松江地区的顾名世家。

据记载，顾家女眷多擅长刺绣，其绣名顾绣。顾家先后出现了缪氏、韩希孟和顾兰玉等顾绣名手。

清代时，顾名世的曾孙女顾兰玉设立刺绣作坊，广收门徒，传授顾绣技法。民间妇女争相仿制，商人们则纷纷出高价收购绣品，达官贵人为得一幅顾绣不惜一掷千金，顾绣之名传遍江南。

顾名世晚年在松江购置了一处园林，取名"露香园"，因此顾绣又被称为"露香园顾绣"，是江南地区唯一一个以家族名号命名的刺绣文化。

顾绣三绝

顾绣有三绝——丝如发、针如毫、色如画。

顾绣艺人选择意境高雅的山水、花鸟、人物等名画作为蓝本，细心揣摩后，根据画作将绣布平铺，先用毛笔勾勒出线条，然后准备不同颜色的丝线，运用套针、散针、滚针、刻鳞针等复杂多变的针法，传达笔墨韵味，惟妙惟肖。绣娘们甚至用巧手，将一根原本就已经很细的线分为36根丝，绣出的作品活灵活现，精妙绝伦。

绣画结合

　　顾绣把刺绣传统的针法与国画笔法相结合，以针代笔，以线代墨，勾画晕染，浑然一体。

　　绣画结合，是顾绣最独特之处。如一些绣品中的人物所穿锦裳，是先上底色，然后在底色上加绣做锦纹状的，人物的面部则是先绣后画。

被平移的音乐厅

太美味了！你们快尝尝。

这就是你说的"四大金刚"？

上海人真有趣，早餐都有"四大金刚"——大饼、油条、粢饭、豆浆。

喂，机器猫，你发什么呆呀？

我正在思考……能唤醒水晶石的，有没有可能不只是食物的味道？

想不到你还挺爱思考的。

如果不只是食物的味道，找起来就更麻烦了。

机器猫什么时候变得这么有品位了？竟然喜欢来音乐厅？

难道是为了找味道？音乐厅里能有什么味道？

这座巨大的老建筑，可是被整体平移过66.46米呀！我一定要亲眼看看。

你是说这座大楼"走"了60多米？

音乐厅被安置在新址的时候，被升高了3.38米。

啊？大楼也会长个儿？

这座音乐厅不仅挪了地方，"个子"还长高了呢！

15

好漂亮啊！你们两个在找什么呀？

当然是裂缝了！这么大一栋楼"走"了那么远，肯定会留下裂缝的！

平移音乐厅的确不可思议，只是不知道演奏效果受不受影响。

肯定没以前好听了！

大错特错！音乐厅的混响时间是1.5秒，在这里演奏出的乐声宛如天籁。

什么是混响？机器猫，用我能听懂的话解释一下！

混响时间决定声音是否圆润动听——混响时间过短会使声音失真，混响时间过长则会使声音含糊不清。

而混响时间为1.5秒，对音乐厅来说，是再合适不过了。

欧蕊，你怎么不走了？

里面演奏的曲子真好听。

心中感觉好宁静……这是江南丝竹乐《春江花月夜》，我以前听过！

丝竹？用丝和竹子做的乐器吗？

"丝"指的是弦乐器，比如琵琶；"竹"指的是竹制管乐器，比如笛子。

欧蕊，你不但弹得一手好钢琴，还懂这么多音乐知识。

那当然！我姐姐可厉害了！

"江南丝竹"指的是流行于中国江南各地的一种民间器乐，以笛、箫、二胡、琵琶、扬琴等为主要乐器。我是不是懂得更多？

那我考考你，中国古人称"听丝竹之声，而天下治"，这是为什么？

听听音乐，就能管好国家了？真能吹牛！

笨！古人的意思是听丝竹可以陶冶情操。

博士就是博士，机器猫就是机器猫，差别太大了。

我们进去听江南丝竹乐吧。

这首曲子是《梅花三弄》！啊，太好听了！

这是耳朵的盛宴！难怪外国人赞誉它是"中国式的轻音乐"。

"长腿走路"的音乐厅

上海音乐厅原名南京大戏院，建成于1930年。为配合城市改造规划，从2002年9月起，上海音乐厅开始进行平移修缮工程。

音乐厅是砖木混合结构，最怕的就是摇晃，很容易散架。工程师们做出了最谨慎的方案——把整个建筑"打包"。用大量钢架从里、外两个方向把每一堵墙撑住，然后在建筑底部进行切割，用58台千斤顶将建筑物抬起来，用钢筋混凝土做一个新的底盘承托并固定整个建筑物。

把音乐厅整个"打包"后，便开始一步一步地往新址移动。每移动1米，就要进行一次监测。全程66.46米的平移是中国建筑平移史上的一个奇迹。

江南丝竹

　　江南丝竹是流传在江苏南部、浙江西部、上海地区的丝竹音乐的统称。"丝"是形容用丝做弦的弦乐器，如二胡、琵琶等；"竹"是形容用竹做的管乐器，如笛子、箫等。常用的乐器还包括扬琴、三弦、笙、鼓、板等。

　　江南丝竹曲调优美，清新悦耳，轻快明朗，绮丽优雅，其技法丰富多彩，变化层出不穷，讲究"你繁我简，你高我低，加花变奏，嵌挡让路，即兴发挥"，显现出"小、轻、细、雅"的艺术风格。

小三弦的来历

明代时，有个寿州人叫张野塘，曾是一名守卫边疆的士兵。他善弹弦乐器，又善唱北曲，后来因为犯罪被流放到太仓，深得当时住在太仓的歌唱家魏良辅赏识，魏良辅还招他为婿。

张野塘结婚后开始研究南曲，并将北方的大三弦改造为杆子较短细、鼓子呈圆形的小三弦，名叫"弦子"（现代统称"小三弦"，也叫"南弦"，是江南丝竹中常用的乐器）。

后来，张野塘声望渐高，门徒众多，弦乐在江南民间逐渐盛行，演化成后来的江南丝竹。

可以代表江南文化的音乐

作为一种传统民间音乐，江南丝竹小、轻、细、雅，极具个性特色，是可以代表江南文化的音乐。

古人称"听丝竹之声，而天下治"，充分体现了它平和中正、陶冶性情的特性。

江南丝竹乐队主要由二胡、扬琴、琵琶、三弦、秦琴、笛子、箫等丝竹类乐器组成，演奏形式灵活多变，且乐曲明快、舒缓、优美，深得群众喜爱，也备受文人雅士钟情，可谓雅俗共赏。

扬琴

三弦

二胡

琵琶

笛子　　　　　秦琴　　　　　箫

第三章

Chapter 3

兔子灯

扫码获取

☑ 角色头像
☑ 阅读延伸
☑ 趣味视频

上海最有年味儿的地方，就是这豫园灯会了。

我朋友白天就入园了，说灯会"白天是景，晚上是灯"。

今天是元宵节，是灯会开放期间最热闹的一天！

有灯会？啊，我最喜欢看灯会了！

今天是元宵节？那我可要吃几碗汤圆！

灯火辉煌、五光十色、火树银花、光彩夺目……我把我知道的词全用上，还是不够用！

那些动物形状的灯在我们经过时，还会叫呢。

这里人这么多，我们却听得很清楚。

看来这豫园灯会不仅灯饰设计得用心，连音响效果也考虑得很周到。

豫园这么大，我们会不会迷路啊？

每条路上的彩灯都不一样，一看彩灯，就能想起这条路是否走过了。

27

这豫园的小桥、流水和花灯相互掩映，太美了！

碰撞

孩子们，是不是看入迷了？

你们一定要沿着九曲桥走走，这是上海人的老传统。

常言道，走过九曲桥的九曲十八弯，可以远离困难，顺利平安。

这里的花灯最好看，连灯柱都特别精美。

我们老两口儿年年来看灯会，最重头的彩灯大都集中在这九曲桥周围。

一到上海……你们猜出来了吗?

我们一到上海先睡觉,然后去"鬼市",再然后吃饭……

安静!别打扰我思考。猜中灯谜有奖品,我可得好好想想。

我知道了,谜底是"中"!

学霸的脑回路真特别。"一到上海"跟"中"有什么关系?

上海的别称是"申","一到上海"反过来理解就是"申"字中的"一"没有到,这就是"中"字。

茜茜姐姐你好聪明!

哼,我早猜到了!只是我一向低调,没说出来而已!

这里有隋朝、唐朝、宋朝、明朝、清朝的特色花灯。

为什么没有元朝的花灯?

元朝皇帝管得严,禁止夜间点灯呗。

我也想要一只!

人们把兔子视为吉祥之物,兔子灯所到之处就是吉祥所到之处。

前面有一个卖兔子灯的,我们过去看看。

每一只兔子灯都好可爱，我都喜欢。

看到那些已经做好的兔子灯骨架了吗？你们可以自己动手，糊上白纸，贴上兔子毛，粘上眼睛。

这是我见过的最丑的兔子灯！

哼，那是你不懂得欣赏！

31

布政使的孝心

豫园本是一座私人园林，始建于明代嘉靖、万历年间，距今已有400多年的历史。

"豫"有"平安""安泰"之意，取名"豫园"，是"豫悦老亲"的意思。

豫园的主人是四川布政使潘允端，他想为父母打造一个宁静的花园安度晚年。于是从明嘉靖己未年（1559）起，他开始在潘家住宅西面的几畦菜田上建造园林，园林设计和堆叠假山都出自当时的名匠张南阳之手，后经过二十余年，陆续拓地七十余亩。

全上海最有年味儿的地方

元宵灯会兴于汉代，吴王刘濞（bì）将扬州灯会引入松江。

明代以后，今上海地区的元宵灯会已十分普遍，其中最热闹、最精彩的部分就在松江府的城隍庙、豫园一带。

豫园灯会灯组全部由制灯艺人手工扎制而成，遵从"白天是景，晚上是灯"的制作标准，工艺精湛。白天色彩艳丽、造型逼真的各式彩灯精彩夺目；到了晚上，彩灯熠熠生辉，豫园成为"灯的海洋"，堪称"全上海最有年味儿的地方"。

灯虎

　　猜灯谜是豫园灯会的一个保留项目。灯谜又称"灯虎""文虎""打虎""弹壁灯""商灯"。猜灯谜，亦称"射""解""拆"等，是元宵灯节派生出来的一种游戏。

　　中国民间自古以来就有在元宵节"观灯猜谜"的习俗，人们将谜面贴在花灯上供人猜射，形成了一种独特的民俗文化。

　　因为谜语能启迪智慧又富有趣味，所以这项活动千百年来深受人们喜爱，流传至今。

古代灯会的"高科技"

元宵节放灯、观灯活动历史悠久。唐代笔记小说集《朝野佥载》曾记载睿宗先天二年（713）正月十五、十六夜，"于京师安福门外作灯轮，高二十丈，衣以锦绮，饰以金玉，燃五万盏灯，簇之如花树"，可见古代灯会就已经出现了大型的灯树。

花灯的种类不仅有走马灯、纱圆灯、蝴蝶灯等结构精巧的小型宫灯，有各种形象生动的彩扎拟形灯，还有用灯彩堆叠悬缚而成的大型灯轮、灯树、灯楼等。

宋代时，一些地方形成了花灯生产中心，并有了典型的花灯品种，更是出现了专门的灯市，以供人们元宵节狂欢。皇家为了与民同乐，还将宫中彩灯赐予民间，这使得元宵观灯的活动更加热闹了。

第四章

Chapter 4

龙凤旗袍

扫码获取

✓ 角色头像
✓ 阅读延伸
✓ 趣味视频

好别致的蝴蝶！欧蕊，你快来看！

这种更特别，像漂亮的花裙子。

它们都是为旗袍做装饰用的盘扣，做起来非常费工夫。

我要那种蝴蝶盘扣！穿上有这种盘扣的旗袍，我一定比花蝴蝶还好看！

左绕右绕的，这扣子也太复杂了。

盘扣要适合穿着者的身份和旗袍的整体风格，不能乱搭配。

做旗袍最考验裁缝功力的是三个地方——领子、绲边和盘扣。

可是我们订单太多了，根本忙不过来。再说，你一只猫穿旗袍……

伯伯您就答应吧，我们真的好喜欢龙凤旗袍。

我要把旗袍带回家，让爸爸妈妈看看这龙凤旗袍有多好看！

我只是想收藏！

好吧……

你同意了？那赶紧开始帮我们量尺寸吧，我早就准备好了！

我要先考考你们。"收不尽的魏塘纱，买不尽的松江布"。5天之内，如果你们能讲出松江布的来历，我就给你们做。

上海城隍庙

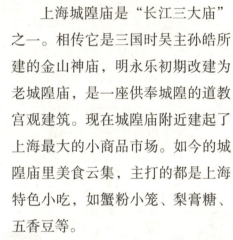

上海城隍庙是"长江三大庙"之一。相传它是三国时吴主孙皓所建的金山神庙，明永乐初期改建为老城隍庙，是一座供奉城隍的道教宫观建筑。现在城隍庙附近建起了上海最大的小商品市场。如今的城隍庙里美食云集，主打的都是上海特色小吃，如蟹粉小笼、梨膏糖、五香豆等。

龙凤旗袍

　　旗袍起源于清代满族妇女所穿的宽大袍子，随着时代的变迁，款式、裁剪方式、穿着对象都发生了巨大变化。民国时期旗袍风靡上海，被称为"海派旗袍"。它吸收西式裁剪方法，开身、收腰，展现出女性优美的体态。后来，海派旗袍也演变为平民化的时装。

　　龙凤旗袍是海派旗袍的精华。

　　1936年，出身于苏广成衣铺的龙凤旗袍制作工艺的第一代传人朱林清，创办了"朱顺兴"中式服装店，将传统中式服装制作技艺运用到制作海派旗袍上，以精工细作的高档旗袍闻名上海。

　　龙凤旗袍采用全手工制作，继承了濒临失传的镶、嵌、绲、宕、盘、绣等传统工艺，这一系列技艺在中国旗袍制作领域堪称绝技。

盘扣

盘扣又称"盘纽"，是制作中国传统服装所使用的一种纽扣，用来固定衣襟或做装饰，在中国传统服装上起到画龙点睛的作用。制作盘扣是中国独有的一门传统手工技艺。

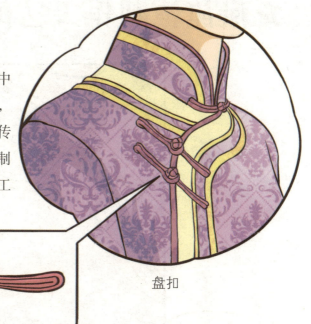

盘扣

龙凤旗袍的盘扣堪称艺术品，是旗袍的亮点之一。制作一件旗袍所用的盘扣往往要花费一天或者几天时间，通常根据穿着者的年龄、身份、出席场合以及旗袍的整体风格来设计搭配，比如制作春节时穿着服饰要配如意扣、凤尾扣，制作老年人过生日所穿着的服装要配寿字扣，制作年轻女性的服饰配兰花扣等。

如意扣

凤尾扣

寿字扣

兰花扣

龙凤旗袍制作工艺的"九字"秘技

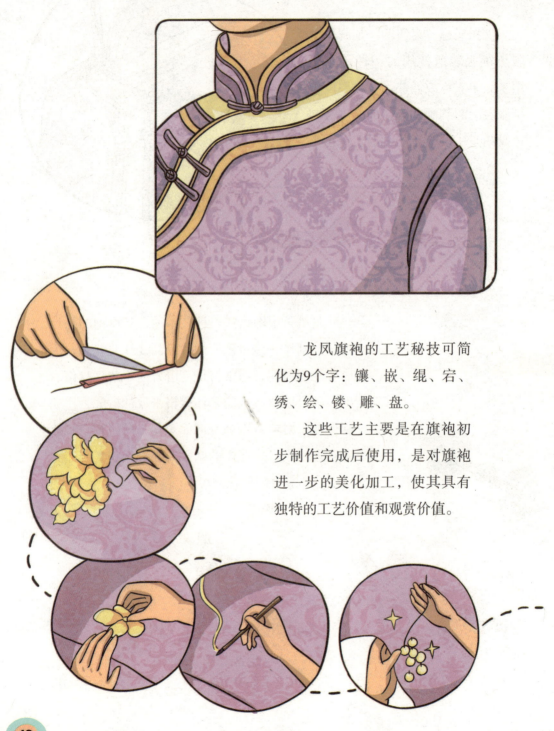

龙凤旗袍的工艺秘技可简化为9个字：镶、嵌、绲、宕、绣、绘、镂、雕、盘。

这些工艺主要是在旗袍初步制作完成后使用，是对旗袍进一步的美化加工，使其具有独特的工艺价值和观赏价值。

第五章

Chapter 5

衣被天下

扫码获取

- ☑ 角色头像
- ☑ 阅读延伸
- ☑ 趣味视频

我一只猫哪知道"收不尽的魏塘纱，买不尽的松江布"是什么来历嘛！那个裁缝摆明了是在刁难我！

我提议，你们忘掉什么旗袍，继续寻找味道吧！

不可能！

你们不懂我们对好看的衣服有多么着迷！

"收不尽的魏塘纱，买不尽的松江布"，到底是什么意思呢？

这是明代谚语……我带你们去个地方，在那里会找到答案。

"买不尽的松江布"里的"松江"，指的是松江府，在今上海市境内，这里曾是全国的棉织业中心，有着"衣被天下"的声誉。

这跟黄道婆有关？

是的！黄道婆从崖州引入并改进的棉纺织技艺，改变了中国内陆上千年来以丝、麻为主要衣料的传统。跟我来！

这些都是黄道婆发明的？

她改进的弹棉花用的新型弹弓，在明朝经过改良后又传入日本，被称为"唐弓"。

黄道婆真是了不起的大发明家，她一定跟我一样，读过很多书。

她根本没机会读书，黄道婆的身世很可怜。

这样的日子我再也过不下去了！我要逃出去！

就这样，黄道婆跟着船逃到了崖州，跟着当地的黎族人学习纺织技术。

后来呢？

因为思念故乡，学了一身手艺的黄道婆回到了阔别三十余年的松江乌泥泾，就是现在上海的徐汇区华泾镇东湾村。

姐妹们，我们家乡的人都是怎么给棉花去籽的啊？

55

创造传奇的黄道婆

"黄婆婆，黄婆婆，教我纱，教我布，两只筒子两匹布。" 在上海一带，曾经流传着这首歌谣，歌颂在乌泥泾无私传授手工棉纺织技艺的黄道婆。

黄道婆很小就给人家当童养媳，由于不堪虐待，勇敢地逃出了家门，来到了海南岛的崖州。经海路到海南路途遥远，以当时的航海技术，黄道婆吃尽了苦头。

在崖州生活的三十余年里，黄道婆跟黎族人虚心学习纺织技术，熟练掌握了先进的纺织技艺。

因想念家乡，已经50多岁的黄道婆回到故乡松江府，把多年所学毫无保留地传授给家乡百姓，并凭借聪明才智，改进了纺织工具，促进了后来家乡的棉纺织业的进步。明代有民谚形容江浙地区棉纺织业的发达："收不尽的魏塘纱，买不尽的松江布"。

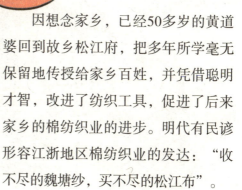

松江府的印花布

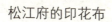

衣被天下

棉布真正大面积推广是在元代，但纺织技术落后，连去除棉籽的踏车也没有，大家只能用手去籽，效率极低。因为收入微薄，乌泥泾的人们日子过得很是艰难，经常吃了上顿没下顿。

就在此时，从崖州归来的黄道婆把跟黎族人学来的织造技术和自己的实践经验结合，不仅大大改进了江浙一带特别是松江的纺织技术，还传授给人们错纱、配色、综线、挈花等技法，所织被、褥、毛巾等上面有折枝、团凤、棋局、字样等各种图案，仿佛画上去的一样。

到了明代，松江成了全国棉纺织业中心，松江棉布远销全国各地，于是这里就有了"衣被天下"的美誉。

唐弓

乌泥泾的手工棉纺织工艺包括"捍、弹、纺、织"4个主要步骤。

"捍"即棉花去籽，是棉纺织进程中的一道难关。棉籽生于棉桃内部，很不好剥，很长一段时间里只能用手剥，效率相当低。黄道婆推广了轧棉的搅车之后，工作效率大大提高。这比美国人惠特尼于1793年发明的轧棉机早了500年左右。

"弹"指用弹弓将棉花弹松。之前江南虽已有弹棉弓，但很小。黄道婆改进的弹棉弓，不仅加快了弹棉的速度，而且弹出的棉花蓬松洁净，人们叫它"黄婆弓"。后来这种弹弓经过改进传到日本，被称为"唐弓"。

三锭脚踏纺车

"纺"是将棉花纺成纱线。在纺纱工序上，黄道婆创造出三锭脚踏纺车，代替过去的单锭手摇纺车。这种三锭脚踏纺车，能同时纺3根纱，是当时世界上最先进的纺车，是了不起的技术革命。

单锭手摇纺车　　　　　　　　三锭脚踏纺车

"织"是通过织布机将棉纱织成布匹。黄道婆在原有的织麻布机的基础上加以改进，制成新型织机。

草编之乡

就是这里了，我仿佛已经闻到八宝鸭、蟹粉豆腐、水晶虾仁的味道了。

我最想尝的，是你说了一路的草头圈子。

"草头"学名"苜蓿"，这道菜是采摘苜蓿顶上最嫩的叶子和猪大肠做出来的。

一谈到吃，你立即变得有学问了。

雕花的古式壁炉，老式的钟表……我好像到了很久以前的上海。

这家餐馆的花园里怎么还有火车？

那两节车厢来头可大了！宋庆龄和慈禧太后都曾坐过。要想在那里用餐，需要提前一个礼拜才能订到位置！

猪大肠油脂太多，我以前从来不吃，没想到和苜蓿搭配做成的菜，一点儿也不腻！

苜蓿可是"油抹布"，和猪大肠搭配，就成了超级好吃的草头圈子！

姐姐，你不吃饭吗？怎么发起呆了？

这个草编暖壶，和彼得祖先旧居里摆放的那个很像。

是很像。难道，"草"是唤醒其中一颗水晶石的关键？

吃过饭，大家开始继续寻找线索。

一看这阵势，就知道我们到徐行镇了，这里是江南著名的草编之乡。

他们的手真巧，手指活动起来像是在跳舞。

这些草看起来好柔软。

这是我们本地出产的黄草。以前大家都用野生的，现在有人专门种植。

把草晒干就可以编了吧？

黄草茎比较粗，晒干去除顶部的花苞后，还得用手将其分成3毫米宽的细条。

用手分？

嗯，这一步很容易划伤手指，所以得格外小心。分完后有些要染色，然后存放1年。

放1年才能用来编东西？

那当然！要不是这么用心，我们徐行的草编，怎么会在唐代就成为贡品！

此次进京，带几件徐行草编做贡品，陛下一定龙心大悦！

这徐行草编的马车，着实精美！还有那草编鞋子，可以帮朕躲过夏季酷暑，爱卿想得甚是周到。

草编工作室

黄草的清香，真好闻！

盒子、杯垫、花篮、包……

用草可以编出这么多东西！

怎么没有我穿的尺码？

草鞋又轻巧又舒服，我要多买几双换着穿。

教教我好吗？等学会了，我要给自己编双草鞋！

看我怎么起头——把细长的黄草中间对折，穿进另一根黄草中，就像这样。

看我编得怎么样？

这就是你的杰作？不怎么样！

这么大的缝儿，放苹果都会漏下去！

我这是杯垫，不用来盛放东西！

松松垮垮的，不过关。手要拉紧，力道要均匀，这样才好看。

本邦菜

上海菜又称"沪菜"，别称"本邦菜"，其烹调方法以红烧、煨等为主，以真材实料和慢火细工取胜，别具江南风味。

本邦菜中的传统名菜每道都极具特色，比如青鱼秃肺，得凑足15条青鱼，取每条青鱼的鱼肝才能做成，"壮如黄金、嫩如猪脑、肥鲜异常"。

蟹粉豆腐

八宝鸭

腌笃鲜

青鱼秃肺

徐行草编

　　徐行草编是一种传统的民间编结手工艺，主要流行于上海市嘉定区徐行镇，当地人习惯用本地出产的黄草秆茎来编织生活用品。徐行也因此被誉为"黄草之乡""草编之乡"。

　　徐行草编制品有草鞋、包、果盘、杯套、盆垫等许多品种，色彩丰富，样式精美，堪称江南民间工艺品的一绝。

　　早在唐代，江南官员进京都会携带几件精美的徐行草编作为贡品。而到了清代，徐行的嘉定黄草拖鞋远销欧亚各国。

需要人工种植的黄草

以前徐行草编多用野生黄草制作，现在早已改用人工培育的黄草制作，人工黄草在种植时，需要农户弯着腰把黄草苗插入水田中。

到了收割时节，因为黄草质地韧，每根长短还需要控制在一定的范围内，所以不能使用机械，而是要农户一根根将黄草从地里拔起，再整齐地摆在一起，统一在头部打结。

黄草怕晒，为确保每一根都能用于草编，必须在太阳出来前尽快收割处理完。

然后，经过反复晾晒、揉搓使其更加柔韧。晾干的黄草，需要将顶部的花荚剪去后留用。

接下来就是开辟。黄草茎较粗，必须人为开辟，使黄草茎变成可以用来编织的原材料。

一遍遍做实验的草编工匠

为了编织色彩缤纷的织品，需要给开辟好的黄草原材料染色。徐行的草编工匠们一遍遍实验，经历了无数次失败，才研制出多种色彩，并通过加入明矾使色彩不只是覆盖在黄草表面，而是渗透进去，且不易褪色。经过染色处理好的黄草要存放1年，才能作为编织材料使用。

模具

一个熟练的草编匠人，一整晚的时间也只能编好几双鞋底或者一个草包。

第七章
Chapter 7

"天价" 笔筒

别臭美了，赶紧想想怎么寻找味道吧！

徐行镇没找到，它所在的嘉定区可能会找到。我们就从品尝嘉定区的美食开始吧！

好主意！

我爸爸最喜欢的一个竹刻笔筒，就是从嘉定买的。

嘉定竹刻？怎么这么耳熟？

机器猫，你在干什么啊？

信息搜索中。

一个笔筒怎么能卖出"天价"？

我想起来了！北京时间2017年4月20日凌晨，法国一家拍卖行拍出的"天价"笔筒，就来自嘉定！

是因为它没有买到合适的草鞋，开始说胡话了吧？

我狠狠踢它一脚，肯定就好了。

你们才说胡话呢！都安静点儿，我给你们讲讲这"天价"笔筒的故事！

啊，这里堆了这么多竹子！

为了挑选出品质上乘的竹子，需要让它们经过日晒雨淋、虫蛀……

就是"考验"竹子呗。

区别大了！

都是竹子，用哪块儿都差不多吧。

竹子和竹子之间差别能有多大？

当然不一样啦，竹子的好坏往往能决定作品的好坏。

这些刀的头好细啊，很像钢笔。

这个比喻很形象，以刀代笔，以书法刻竹，是嘉定竹刻的特点。

原来除了竹筒，竹刻还可以做成这么多种造型！

竹根雕刻

人物

插屏

我这里有以竹筒和竹片制成的笔筒、笔搁、插屏，还有竹根刻成的人物、草木、山水、走兽等。

这件竹刻有种浮雕的层次感。

它采用了陷地深刻技法，留光滑表面做地，雕刻的物象深入到里面。

陷地深刻技法

我要挑一个笔筒，拿去拍卖！

看来竹子不是能唤醒它的味道。

你们要寻找味道？有个人应该能帮到你们。

嘉定竹刻

竹刻又称"竹雕"，是在竹制的器物上雕刻装饰图案和文字，或用竹根雕刻成各种陈设摆件的一种欣赏价值很高的工艺品。中国是世界上最早使用竹制品的国家，所以竹刻在中国由来已久。

嘉定位于上海西北，北依浏河，盛产竹子。嘉定竹刻技艺为明代正德、嘉靖年间一个叫朱鹤的人所创。他以笔法运刀法，将书画艺术融入了竹刻中，并开创了以透雕、深雕为特征的"深刻技法"。

朱鹤的儿子朱缨、孙子朱稚征继承了上辈技艺，并推陈出新。朱缨的竹刻作品比其父更加丰富，风格也更古朴淳厚。而孙子朱稚征把传统技艺又推进一步，所刻的人物、山水、草虫、禽鸟，刀法精湛，精妙绝伦。这祖孙3人在历史上被合称为"三朱"，他们奠定了嘉定竹刻的基本风格。

竹刻取材及工艺

竹刻一般取4到5年生的毛竹，过嫩、过老都不适宜雕刻。竹子年头儿短材质疏松，老竹子燥硬且容易开裂。

在砍伐和搬运竹子时都要格外小心，避免损伤表皮。

选好材料后，竹子需经过水煮、脱脂、晾干、烈日暴晒等工序，经过数年时间，才能千挑万选出不霉、不蛀、不裂的上等材料。

匠心独运的顾珏

《竹人录》中记载，顾珏是清代康熙、雍正时期的嘉定竹刻匠人，他对每一件作品的创作都极为用心，"一器必经二三载而成"。

顾珏对竹刻作品要求精益求精，虽然做竹刻的时间足有50年，但留下的作品却不多。

三个皇帝的心头宝

在清代，进入全盛时期的嘉定竹刻被当作贡品送进了皇宫，康熙、雍正皇帝都曾收藏过。康熙还召见了当时著名的竹刻艺人，并给以丰厚的赏赐。乾隆皇帝还把自己的诗题写在笔筒上，让竹刻艺人刻录。

嘉定竹刻有浅刻、深刻、薄地阳文、浅浮雕、深浮雕、透雕、圆雕等十余种基本技法，制作工艺复杂，且费时费神。

第八章

Chapter 8

古镇传来的锣鼓声

我喜欢这个古镇。

河岸上有人在卖刚捕上来的鱼虾。

河道穿过小镇，有石拱桥横卧，古宅临河而建……好一派江南情调！

没想到博士还挺有诗意！

这是明代万历年间的太常寺卿朱国盛为纪念他家从祖父起三代都当上了二品官而修建的，故曰"三世二品坊"。

好有钱啊！看来皇帝每个月发给二品官的银子不少。

87

这是我们问的第9个人了！

答案一模一样：不认识，没见过。

我也问得口干舌燥。前面有座茶楼，先进去喝杯茶再继续找吧。

几位是喝茶、听书，还是住宿啊？

第一楼茶园？博士，您可真会选！

茶楼还可以听书、住宿？

您是第一次来吧？我们"第一楼茶园"是古镇上唯一的三层建筑，很多导演都喜欢来这里拍摄电影。

难怪我觉得"第一楼"耳熟——我最喜欢的电影就是在这里取景的！

我们茶楼共有三层，每一层都不一样。

③
②
①

第一层是普通茶馆；第二层是书场兼高档茶馆，有精彩的演出；第三层则是栈房，供旅客歇息住宿。

是茶不一样吗？

去二楼！我当然得去高档茶馆，普通茶馆配不上我的身份！

你很有身份？一只猫而已……

哐——哐——

好热闹啊，这是什么表演？

你们来得正好，这是锣鼓书的开场锣鼓。

89

曾见兵书十几行，行行都有爹名字，老父何堪上战场……

这是一个人表演的单档锣鼓书。

一个人既要敲锣又要打鼓，还要说着唱着，名副其实的"一心多用"。

不是"一心不能二用"吗？她怎么做到的？

换作是我，肯定不是忘了敲锣就是忘了打鼓。

她的声音真好听。

为了好嗓音，不论春夏秋冬，锣鼓书艺人每天都早起吊嗓子，而且很多食物不能碰。

只吃清淡的？我可一天都受不了！

新场古镇

新场，古称"石笋里"。南宋时下沙盐场南迁到此形成新的盐场，从此改名为"新场"，即"新的盐场"。

随着盐业的不断发展，盐贩纷纷聚集到这里，新场人口急剧增加，繁华程度一度超过上海县城，是当时浦东平原上的第一大镇，有"新场古镇赛苏州"之美誉。

江南第一牌楼

新场古镇距上海市中心约36千米，作为千年古镇，这里积淀了厚重的历史文化，保留着古镇风貌，有不少古景古迹。小桥、流水、人家、长街、茶楼、老店、古寺、渔舟塘、牌坊等，共同构成了一幅江南水乡图，有着"新场古镇赛苏州"的美誉。

现如今，每天来古镇的游客不计其数，但游客们仿佛约好了一般，都会来到一个牌楼下拍照留念，这个牌楼就是号称"江南第一牌楼"的"三世二品坊"。

三世二品坊始建于明万历年间，1975年拆除，2006年重建。牌楼高11.3米，宽10.3米，总重量达150吨。牌楼上面刻有人物、车马、花鸟等栩栩如生的石雕，底层有威风凛凛的石狮子守卫，看上去颇为壮观。

三世二品坊最初为明代万历进士、太常寺卿朱国盛所建，牌楼三门二檐气势宏伟，牌楼额题"九列名卿"之上有竖写的"恩荣"两字，反面为"圣旨"两字。左联为"七省理漕"，右联为"四乘问水"。祖孙三代都官至二品，故曰"三世二品坊"，以彰显朱家显赫地位。

太保书

锣鼓书是由上海郊县农村中求保佑太平活动的"太卜"发展而成。"太卜"仪式以说唱形式表现，有道白、吟唱、独唱、对唱等，内容多取材于民间传说和历史故事。"太卜"亦称"太保"，所以也叫"太保书"。

专业艺人出现后，"太保书"才改名为"锣鼓书"。锣鼓书说唱并重，语言通俗，唱腔具有民歌风格，深受人们喜爱。

锣鼓书传承至今已有上千年历史，但由于时代的变迁，如今的锣鼓书演出萎缩，老艺人相继谢世，锣鼓书艺术已到了难以生存的地步。为了扶持和保护锣鼓书，上海市政府启动了"锣鼓书"申遗计划，并于2006年获得国务院批准，正式列入第一批国家级非物质文化遗产名录。

浑身艺术锣鼓书

锣鼓书早期演出时由单人坐演，自击锣鼓，后来发展为双人或多人站立说唱，伴奏乐器也逐渐增加，配有琵琶、扬琴等小乐队，而常见的演出形式为单人说唱配乐队。

按照形式的不同，锣鼓书分为重唱的文书，又叫"小书"，如《珍珠塔》《白蛇传》；重说的武书，又叫"大书"，如《英烈传》《七剑十三侠》等。

按照题材分，锣鼓书有史略传说，如《隋唐》《三国》；有英雄传略和人物传奇，如《包公》《水浒传》等；也有才子佳人的故事，如《九更天》《白兔记》等。

锣鼓书长篇可唱半个月至一个月，相当于电视连续剧；中篇为100分钟至145分钟，相当于一部电影；而短篇则为20分钟左右。

第九章

chapter 9

飞"缸"走壁

扫码获取

- ☑ 角色头像
- ☑ 阅读延伸
- ☑ 趣味视频

吃点儿甜食心情会变好，这可是上海俗话"一口香酥高桥松饼，妙不可言钱万隆酱油"中的高桥松饼！

真好吃，我心情好多了！

松高饼桥

皮薄层多，又松又脆，入口即化……为什么把点心和酱油放在一起？

你这个问题提醒了我。有没有可能你们找的并不是某一种味道，而是两种味道混合起来的味道？

就是这里了。

不是钱万隆酱油吗？怎么上面写着"官酱园"？

我查过了，因为经营有方，信誉良好，清代的朝廷特意颁发了"官酱园"金字牌匾作为奖励。

不是挂着的这个，因为上面不是金字。

那块匾额可是钱万隆的宝贝，肯定小心收起来了。

飞"缸"走壁？

啊，太厉害了！

了不起的功夫！

我可不会什么功夫，只是翻了几十年的酱醅(pēi)，熟能生巧罢了。

这缸里装的东西叫酱醅？

发酵会引起酱醅上浮，等它晒成红褐色且稍微变硬时，就要翻动，这样发酵才会均匀。

下雨怎么办？

我们就住在酱园，晴天晒酱，雨天就在缸上罩竹棚盖。

这是木榨机，就是用它压榨出酱油的。

布袋

石块

出酱油了！博士，快把松饼拿过来。

松饼和酱油都齐了，可水晶石仍然没什么反应。

制酱就要晒1年的时间，然后放1年，榨出的酱油还要晒五六个月？

这样才能酿出好的酱油。钱万隆的特晒酱油——晒街油，要在大缸里曝晒3个伏天才能得到！那味道香极了！

这还不能算是酱油，需要经过炒酱色，配酱色，然后经过5到6个月的晒油，出缸时才算是晒制好的酱油。

晒街油？能不能让我们——不，让松饼"闻闻"它的味道？

酱油是怎么来的

最开始，"酱"是用肉加工而成的，人们把肉剁成肉泥，再进行发酵。人们发现，这样制作出的汁液有一种特殊的香味，这就是最早的肉酱，在当时被称为"醢"（hǎi）。

汉代时，人们发现大豆也可以制成味道相似的酱。后来，豆酱慢慢演变，发展成了酱油。现在，酱油已经是家家户户不可缺少的调味品。

风靡世界的酱油

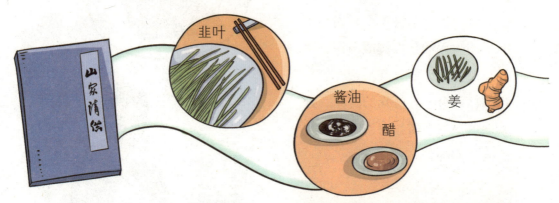

中国历史上最早使用"酱油"这个词是在宋代。宋代林洪在《山家清供》中写道："韭叶嫩者，用姜丝、酱油、滴醋拌食。"酱油在古代还有其他名称，如清酱、豆酱清、淋油、晒油等。

唐代时，鉴真和尚东渡日本时带去了酱油的酿造方法。后来，这酿造技艺又相继传入朝鲜、越南、泰国、马来西亚、菲律宾等国家。

时间的魔法

钱万隆酱油酿造技艺历经几百年，从搬料、浸豆、蒸豆、拌料、制曲、制酱醅、晒酱、榨油、炒酱色、配酱色、晒油，到最后酿成出缸，总计由12道工序组成，每一道工序都精益求精。

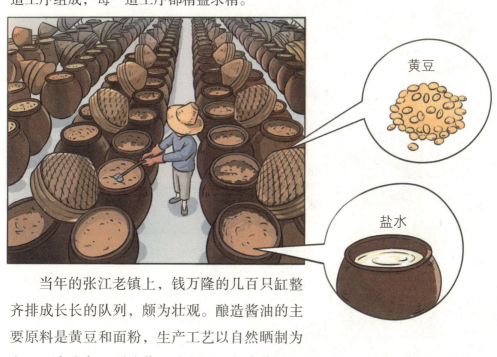

黄豆

盐水

当年的张江老镇上，钱万隆的几百只缸整齐排成长长的队列，颇为壮观。酿造酱油的主要原料是黄豆和面粉，生产工艺以自然晒制为主，"春准备，夏造酱，秋翻晒，冬成酱"。制成的新酱还要存放成陈酱后再进行压榨。成品酱油的生产周期长达两年之久。

1897年，因经营有方、信誉良好，清政府授予钱万隆"官酱园"金字牌匾。不过现在，钱万隆酱油酿造技艺传承出现了危机，面临着失传的严峻挑战。

钱万隆酱油酿造技艺的12道工序

1. 搬料。
2. 浸豆。
3. 蒸豆。将浸泡好的黄豆蒸至熟而不烂。
4. 拌料。

5. 制曲。将黄豆与面粉拌和，待长出黄绿色绒毛时，装入箩筐备用。

6. 制酱醅。将成曲投入配制好盐水的大缸里，放在露天晒场上天然发酵。

7. 晒酱。日晒夜露，定期翻缸，制出的新酱，再存放1年为陈酱。

8. 榨油。将陈酱装入长条布袋，扎紧口袋后上木榨机，加石块进行压榨。

9. 炒酱色。用大米烧制成麦芽糖，小火炒成墨黑晶亮的酱色。

10. 配酱色。把炒好的麦芽糖按比例搅拌，放入大缸。

11. 晒油。

12. 酿成出缸。

过山跳

他们发起疯来好恐怖！咦？塞西这个话痨怎么突然变安静了？

塞西不见了！刚才还在这儿呢。

?

我的口袋鼓鼓的，好像被塞了什么东西。

拿冰晶项链换塞西。
交换地点：空中邮局
位置：黄浦江
英俊潇洒的霍曼留

又是霍曼干的好事！呃，这家伙的汉字写得太难看了！

交换地点是空中邮局，可天上怎么可能有邮局？

根本没有空中邮局，肯定是霍曼搞恶作剧，故意捉弄我们！

搭起来噻！噢嗨！开步走喽！嗨嗖！脚下小心！嗨嗖！

老爷爷，你们这是在表演什么呀？

这是上海港码头号子。

以前我们都是码头工人，那时我们干活儿时经常吼几声码头号子，现在再吼起来，感觉自己又回到了年轻的时候。

扛大包可是重体力活儿，喊号子可以给自己加油鼓劲。

爷爷们，你们对这附近一定很了解吧？

当然！我们亲眼看着黄浦江畔一天天在发生变化。

就说这对面的大楼吧，一栋比一栋盖得高！

最初，金茂大厦是全上海最高的，后来环球金融中心超过了它。

金茂大厦

上海中心大厦

环球金融中心

而现在最高的大楼是上海中心大厦，建筑高度有632米，听说是目前中国已建成项目中的第一高楼。

难道这空中邮局，是在上海最高的大楼里？

码头号子

　　为了缓解身体的疲乏，给自己鼓劲加油，码头工人时不时喊出一些无实际意义的叹词，码头号子由此逐渐产生。

　　因搬运的货物和搬运环境，以及各地方言的不同，码头号子种类繁多，且各有特色。这些号子也有共同点——节奏鲜明短促，旋律比较单一，唱词大多是呐喊，有实际意义的歌词少。

　　码头工人流动性比较大，也没有固定的劳动场所，因此码头号子基本上都是在劳动过程中，边搬运边喊号子进行口口相传。

　　码头号子在码头工人劳作中必不可少，尤其是搬运一些重达几吨的超大件时，需要几十个人来抬，如果没有人喊号子，就很难统一行动。

上海港码头号子

　　1870年后，伴随着上海"远东航运中心"地位的确立和工业城市的发展，黄浦江畔码头货物吞吐量剧增，吸引了很多人到码头谋生。

　　在那个科技不发达的年代，来自五湖四海的大件、特大件和超重货物，全部靠码头工人的肩膀运送，而且船舶靠岸的时间不确定，所以得没白没黑地赶工，其中的劳累可想而知。在辛苦的体力劳动中，上海港码头号子就此产生。

著名音乐家聂耳曾到上海港码头做码头工人，在此过程中收集码头号子的素材，创作出了脍炙人口的《码头工人歌》。

聂耳

上海码头号子的种类

上海港码头号子演唱者都是男性，因此音域宽广、声音嘹亮，充满阳刚之美。它和着码头工人的步伐，见证着上海港的百年变迁。

上海码头号子以人力搬运号子为主，因所装卸货物、搬运路线、搬运方法等的不同被分为4大类9种。

上海港码头号子主要包括搭肩号子、肩运号子、堆装号子、杠棒号子、单抬号子、挑担号子、起重号子、摇车号子、拖车号子9种。节拍变化多样，各具特色。

看漫画
领专属角色头像

01

角色头像
把你喜欢的
角色头像带回家

02
阅读延伸
了解更多
有趣的知识

03

趣味视频
从趣味动画中
漫游中国

还有【阅读打卡】等你体验